내 이야기가 궁금하더라도 참고 기다려야 해요. 서두르다간 내 모습을 지나치고 말 테니.
如果你想听我的故事，就需要有一点耐心，不然的话，你会连我真正的样子都看不清。

······ 달팽이, 세상을 더듬다 ······ 蝸牛慢吞吞 ······

······ 그림 주잉춘朱贏椿 ······ 글 저우쭝웨이周宗伟 ······ 장영권 옮김 ······

느리디느린 걸음걸이.
我走得很慢很慢.

게으름 피우는 건 결코 아니고
并不是因为我懒散.

작고 연약한 몸으로 태어났기에
而是我天生一副柔弱微小的身体.

껍데기를 등에 지고 천천히, 천천히 기어갈밖에.
只能背着壳缓缓地爬行.

느리기는 해도

虽然我走得很慢,

습관처럼 굳어진 걸음걸이.
但走路已变成了习惯。

길을 걷는다는 건 이토록 기계적이고 무미건조한 일이지만,
走路本身机械又枯燥,

멈추어 서면 오히려 더 갑갑해져,
可停下来反而更觉无聊。

길가에 펼쳐진 찬란한 풍경에도
无论路上的风景如何绚烂,

늘 갈피를 잡지 못하는 내 마음.
我的内心却总是茫然。

* 천천히

느리게 살라는 조상들의 가르침,
祖先教我们缓慢地生活,
한 점 의문도 품은 적 없었는데
我从未对此产生怀疑.
어느 날 길 위에서 맞닥뜨린 건
直至一天在路上,
밟혀 찌부러진 동료 달팽이.
看到了被踩扁的同伴.
덜덜 떠는 그의 모습에 가슴이 철렁했다.
他颤抖的样子让我触目惊心.
행인들의 발에 채여 부서지는 목숨이라니,
行人的脚步让他丧生,
'느림'은 그를 구해 주지 못했던 게다.
"慢"却救不了他的命。

죽음의 공포가
对死亡的恐惧,

'산다는 것'에 대해 곰곰이 생각하게 했다.
让我认真思考"活着"的问题.

어떻게 살아야 뜻있는 걸까?
怎样活着才有意义?

'느림'이 잘살게 해 줄 수 없다면야
既然"慢"不能让我们活得更好.

'빠름'이 진리일 터이지.
那么"快"就该是真理。

'빠른 삶'을 배워 보자 마음먹었더니
我想学习"快"的生活。

개미, 무당벌레, 애벌레 등등, 주위엔 온통 나보다 '빠른' 선생님들.
随处可见比我"快"的老师——蚂蚁、瓢虫, 还有毛毛虫。

그래,
当然,

그들보다 훨씬 더 빠른 말벌도 있지!
更快的还是黄蜂。

말벌 앞에 엎드려 '빠름'을 배우고 싶다고 했더니,
我虚心地向黄蜂请教"快"的问题,

땀을 뻘뻘 흘리며 빨리 나는 시범을 보여 주었다.
他热心地给我示范如何快速地飞行。

입이 딱 벌어지는 말벌의 현란한 비행술.
我惊叹于他高超的飞行技巧.

앗, 너무 빨랐을까, 거미줄에 턱 걸려들고 말았다.
却见他飞得太快而不小心撞上了蛛网.

눈 깜짝할 사이에 말벌을 저세상으로 보내며
片刻间一命归西。

나는 안타까우면서도 내심 다행스러웠다.
我替他惋惜又暗自庆幸.

느리니까 좋은 점, 정말로 곰곰이 헤아려 봐야겠어.
慢的好处真要细心才能领会.

조상들의 지혜에는 다 나름의 이치가 있나 보다.
祖先的智慧自有道理。

·14·15· 나는 다시 느릿느릿, 느릿느릿 나아갔다.
我继续缓缓地, 缓缓地爬行。

길 저쪽에서 들려오는 신음 소리,
路边传来一阵呻吟.

할머니 달팽이가 쓰러져 있었다.
是一只年老的蜗牛摔破了壳.

깨진 껍데기를 헤집고 살점을 물어뜯는 개미들.
正被蚂蚁们啃咬着身体。

불쌍한 할머니는 걸을 힘조차 없어
可怜她已经老得走不动路.

그저 당할 뿐이었다.
只能任由欺凌。

"마음을 편히 가지세요. 다 괜찮아질 거예요." 위로의 말을 건넸지만,
我上前安慰她.放宽心.一切都会好的。

그녀는 힘없이 고개를 가로저었다. "부질없단다. 이런 건 스스로 겪어 봐야만 알 수 있는 거니까."
她无奈地摇头道.没有用的.等你自己到了这一天就会知道。

우리는 위로의 말로 관심을 표현하곤 한다.
我们已习惯于用安慰去表示关心。

위로란 남을 속이는 일이요, 자신을 속이는 일이라는 걸 잘 알면서도
明知安慰只是欺人并自欺。

진실과 마주할 용기가 없는 거다.
却没有面对真相的勇气。

마지막 숨을 가쁘게 몰아쉬는 늙은 달팽이를 지켜보며
看着老蜗牛已奄奄一息.

마음이야 의분으로 가득했으나
我虽然义愤填膺.

우리들 느림보 처지로는 어찌할 도리가 없어,
却无能为力.

저 작디작은 개미조차 피하지 못해 발만 동동 구를 뿐.
只恨我们慢得竟然躲不过小小的蚂蚁。

그런 거였어,
这才知道.

느림 그 자체를 탓할 게 아니라
慢本身并不是过错.

느려서 생겨난 나약함을 고쳐야 하는 거야.
错的是因为缓慢而滋生的懦弱性格。

나는 굳세고 용감한 달팽이가 되리라 다짐했다.
我发誓要做一只坚强而勇敢的蜗牛.

강한 자 앞에서 결코 머리 숙이지 않겠다고
绝不向强势低头。

결의를 굳히자마자
刚下定决心,

곧바로 위험에 빠지고 말았다.
就遇到了险境。

눈앞에 도사리고 있던 험상궂은 괴물,
只见一只怪物趴在我的面前,

무시무시한 이빨을 드러내며 으르렁거리는 듯했다.
张牙舞爪地露出挑衅的恶脸。

나는 고개를 빳빳이 쳐들고
我把头一昂,

선수를 쳐 제압할 요량이었다.
想先下手为强。

나는 몸을 날려 확 달려들었다.
我冲上去和他扭打.

뒤엉켜서 치고받고 싸우다가 땅에 떨어졌는데,
混战中我们一起摔倒在地。

그의 날카로운 발톱이 내 부드러운 살갗을 할퀴고 지나갔다.
他带着尖刺的爪子割破了我柔嫩的身体.

말 못 할 고통에
一股剧痛袭来.

눈앞이 아득했다.
我一阵眩晕。

가까스로 고통에서 깨어나 보니
当我从疼痛中醒来，

그 역시 뻗은 채 꼼짝도 않는 거다.
发现他也一动不动地躺在那里，

죽은 걸까,
仿佛已经死去。

가만가만 살펴보니
我定神细看，

아하!
才发现，

그건 빈 매미 허물이었다.
原来那只是一个蝉蜕而已，

나는 얼이 빠져 멍하니 굳어 버렸다.
我顿时呆若木鸡。

아픔을 삭이며 차분히 되짚어 보니
我在伤痛中冷静反省，
아무것도 아닌 빈 껍데기를 향해 어처구니없이 달려든 꼴이었다.
自己竟然荒唐地向一个毫无生命的空壳搏击．
저 따위가 나를 다치게 할 리 없건만,
它根本不会伤害我．
내가 나 자신을 망쳐 놓은 꼴이라니.
一切都是自己在伤害自己．
우리는 툭하면 스스로를 적으로 만들곤 한다.
我们常常是自己给自己树敌．

나는 상처투성이가 된 몸뚱이를 이끌고
我拖着伤痕累累的身体,

천천히, 더 천천히 앞으로 나아갔다.
更加缓慢地前行.

마음속에 드높던 투지도 그만 쏙 들어가고 말았다.
心中昂扬的斗志也没了踪影.

집게벌레의 주검이 길에 가로놓여 있었다.
路边躺着一具锹甲的尸体.

그 거대한 몸집은 죽어서도 무시무시한 기운을 뿜고 있어,
他巨大的身躯即便在死后也散发着强大的威慑力.

작은 벌레들이 그 곁을 벌벌 떨며 지나갔다.
让许多小虫不寒而栗.

그 앞에서도 나는 전혀 두렵지 않았다.
我此刻却没有丝毫的畏惧。

외려 그가 가엾다는 생각이 들었다.
反而对他生出了一些怜悯。

생전에 그의 우람한 몸집은 굉장했을 테지만
想他生前雄霸的身躯曾经何等风光。

지금은 개미들에게 뜯어 먹히는 처지로 떨어져 버렸으니,
如今却也落得被虫蚁啃噬的下场。

사나워 보인다고 해서 꼭 굳세고 용감할 리는 없는 법.
原来外表的凶悍并不是真正的勇敢和坚强。

조금 지친 듯하여
我有些累了。

잎사귀 그늘에 들어 쉬려는데,
藏到一片叶子下面休息。

하늘에서 훅 날아온 뿌연 안개.
空中飘下一阵浓雾。

짙은 농약 냄새가 코를 찔렀다.
夹着一股强烈的农药气息。

즉각 경계 태세에 돌입,
我马上警惕。

껍데기 속으로 파고들 채비를 하는데,
准备躲进壳里。

저 밑에서 들려온 구원을 요청하는 목소리.
却听见地上传来呼救的声音。

내려다보니 괴로움에 몸부림치는 쥐며느리였다.
叶子下露出一只西瓜虫挣扎的身影。

쥐며느리는 땅바닥에 뒤집어진 채로
西瓜虫仰面朝天地躺在地上，

가느다란 다리들을 바동거리고 있었다.
挥舞着细腿翻来翻去。

농약 중독으로 기운이 빠져
农药熏得他失去了力气，

암만 애를 써도 몸을 똑바로 세우지 못하기에
任凭他怎么努力就是翻不过身体。

더듬이를 뻗어 끌어당겨 주었더니,
我伸出一只触角拉了他一把，

간신히 뒤집기에 성공한 쥐며느리,
他终于翻过身来，

머리가 땅에 닿도록 고마워했다.
对我感激不尽。

쥐며느리와 나는 친구가 되었고
西瓜虫和我成了朋友.

자주 어울려 산보를 다녔다.
常常陪我一起散步.

이제 나는 길 위에서 외롭지 않았다.
从此, 我走路不再孤独。

농약 때문에 숱한 곤충들이 죽음으로 내몰렸지만,
那些农药让许多昆虫丧生.

살아남은 우리는 소중한 것, 감사할 일이 무엇인지 깨달았다.
幸存让我们懂得了珍惜和感恩。

쥐며느리는 나를 진득하게 기다려 주고

尽管西瓜虫对我很有耐心,

나를 위해 일부러 천천히 걸었다.

为了我故意走得很慢,

그렇지만 나는 느리고 더딘 데 대한 불안을 떨칠 수 없었다.

可我还是为自己的缓慢感到不安。

나를 안심시키느라,

为了让我宽心,

쥐며느리는 자벌레를 데려와 어울리게 해 주었다.

西瓜虫又带我结识了一个新的伙伴——尺蠖。

허리를 구부리며 걷는 자벌레의 모습은 몹시 우스꽝스러웠다.

他弓着腰走路的样子真是好玩。

자벌레는 참 재미있는 친구였다.
尺蠖真的很风趣.

오므렸다 폈다 하며 나아가는 동작으로 시선을 끄는가 하면,
边向我展示他一拱一拱走路的姿势.

"어때, 난 느리기도 느리지만
边对我调侃道：看, 我不仅走得也很慢.

걸음걸이마저 꼴사나워서 못 봐주겠지?"라고 농담을 하기도 했다.
而且走得还很难看.

그런 걸음걸이 따위, 우리의 우정과는 아무 상관없었다.
可是这和我们的友谊无关。

쥐며느리가 또 다른 친구인 애벌레를 데려왔다.
尺蠖又介绍我们认识了他的朋友——毛毛虫.

사람들은 그 통통한 모습이 징그럽다고 하지만,
许多人都觉得他肉嘟嘟的样子很恶心.

그건 상냥하고 섬세한 그를 겪어 보지도 않고 하는 소리.
却不知道他有温柔细腻的性情.

게다가 훗날 놀랄 만큼 아름다운 나비가 된다는 걸 상상도 못 하면서.
更想不到他变成蝴蝶后惊人的美丽.

사람들은 외모만 따지고 내면을 소홀히 여기곤 한다.
人们习惯于看重外表而忽视内心.

눈에 보이는 모습에 속아 넘어가기 일쑤면서.
眼睛告诉我们的常常带有欺骗性.

떼려야 뗄 수 없는 사이가 된 우리들,
我们几个朋友从此形影不离.

시간 가는 줄도 모르고 어울려 놀다 보면
终日结伴一同嬉戏.

그렇게 즐거울 수가 없었다.
快乐无比。

나는 '산다는 것'의 뜻을 알 것 같았다.
我以为找到了"活着"的意义.

'사랑'만이 힘을 불어넣어 준다는 걸 몸으로 느꼈다.
也体会到只有"爱"才能让自己真正强大.

가슴속에 자리하던 죽음의 공포가 조금씩 사그라졌다.
心中对死亡的恐惧渐渐淡去。

·46·47· 친구들은 언제까지나 함께하고 싶어했다.
朋友们总是希望永久的相聚.

서로가 서로를 굳게 의지하여
大家彼此相互依赖.

마치 한몸이 된 듯한 그 느낌은
紧密联结成一体.

더없이 달콤했다.
这种感觉很甜蜜.

안타깝게도 세상의 어떤 잔치도 언젠간 끝나게 마련.
遗憾的是,天下没有不散的筵席.

달콤함도 꼭 좋은 것만은 아니리라.
甜蜜也未必是好东西.

즐거움에 막 달떠 있을 때 한편엔 위험이 도사리고 있었으니.
快乐到了极致,危险就在一旁紧伺.

머릿속이 하얘지는 위급한 순간,
危急之中来不及思索.

사마귀의 공격에 뒷걸음치다 우리는 그만 우듬지에서 떨어지고 말았다.
螳螂逼得我们从树梢跌落.

이렇게 나락으로 빠져드는 걸까…….
一阵茫然失措……

정신이 들고 보니,
醒来时.

물 위였다.
我发现自己漂在水里.

곁에는 친구들의 주검이 둥둥 떠다니는데,
身边浮荡着朋友们的尸体。

나를 살려 준 건 조상님들의 유산.
我借助于祖先的馈赠.

껍데기의 부력으로
因为外壳的浮力.

그렇게 목숨은 건졌으나,
而保全了性命.

가슴은 찢어질 듯 아팠다.
可我内心却悲伤无比。

바람에 밀리고 밀려 기슭에 가 닿았다.
我随风漂到了岸边.

죽다가 살아난 셈이었지만,
虽然死里逃生,

아무 살맛이 나지 않았다.
却感到生活兴味索然。

친구들의 죽음으로 나는 넋이 쑥 나가 버렸다.
朋友们的死让我失魂落魄.

껍데기가 아니라 태산을 짊어지고 있는 것만 같았다.
我背着壳仿佛背着一座大山.

땅에 달라붙은 듯 발이 떨어지지 않아
脚步凝重.

내 걸음은 더욱더 느려졌다.
步履越发缓慢。

물가를 홀로 서성였다.
我独自在岸边徘徊。

물에 잠긴 친구들의 그림자라도 볼 수 있을까 싶어서였는데,
总以为还能在水中看到朋友们的身影。

갑자기 소금쟁이가 덮쳐 와 내 살점을 물어뜯는 모습이 보였다.
恍惚间看见一只水蚂蚱扑过来撕咬我的身体。

놀라서 몸을 빼내려 발버둥쳤지만,
吓得我拼命挣扎躲闪。

아무 소용도 없길래
无济于事。

구해 달라고 크게 소리 질렀다.
只得大呼救命。

잠자리가 날아와
一只蜻蜓循声前来，

도대체 뭐가 위험하냐며 고개를 갸우뚱했다.
诧异地问我遇何危险。

소금쟁이가 나를 물어뜯는다고 하자,
我说是水蚂蚱在咬我，

잠자리는 기가 막힌다는 듯 헛웃음을 쳤다.
蜻蜓哑然失笑道：

"소금쟁이는 물 위에 있잖아.
"水蚂蚱在水面上，

그가 물어뜯는 건 네 그림자야."
咬的只是你的影子而已。"

마치 꿈에서 막 깨어난 듯
我好似梦醒，

고개를 도리질 치고 보니,
回神一看，

아뿔싸, 물에 비친 내 그림자를 나 자신으로 착각한 게 아닌가.
才发现自己竟然错把虚幻的倒影当成了自己。

정신을 다 차리고 나니 말할 수 없이 부끄러웠다.
我清醒过来后惭愧不已．

고통에 빠져 허우적대다 망가질 대로 망가져,
自己过度沉溺于痛苦以致迷失了本性，

진짜와 가짜도 분별 못 하는 지경에까지 이른 것이다.
竟然到了真假不分的境地。

그런데도 잠자리는 빙긋 웃으며 나를 다독여 주었다.
蜻蜓却笑着安慰道：

"그렇게 너무 탓하지 마.
不必自责．

인생이란 것도 한바탕 꿈일 뿐이니까.
人生亦不过是一场巨大的梦境．

세상에 정말로 깨어 있는 자가 몇이나 되겠니?"
有几个真的清醒？

잠자리의 말이 내 정수리에 깨달음의 찬물을 확 끼얹는 것 같았다.
蜻蜓的话如醍醐灌顶．

사랑하는 친구들을 잃어 걷잡을 수 없던 슬픔을 떨치고자
为了摆脱痛失爱友的低落情绪．

환경을 바꿔 보기로 마음먹었다.
我打算换换环境．

잠자리가 이끄는 대로 상심의 물가를 떠나
跟随蜻蜓离开伤心的水岸．

새로운 세상으로 나아갔다.
来到一片新天地．

지혜로운 잠자리를 우러르고 따르며
蜻蜓的智慧让我钦佩．

나는 다시 새로운 우정을 쌓아 갔다.
我又获得了新的友谊．

여름이 깊어지면서 한 점 숨을 곳도 허락지 않는 더위가,
盛夏来临,酷暑难当。
비 한 방울 내리지 않는 혹독한 가뭄이 이어졌다.
连日无雨,旱情危急。
나는 다시 한 번 조상들이 물려준 유산 덕을 보았으니,
我再次得益于祖先的馈赠.
껍데기 속에 쏙 들어가 더위를 피하면 그만이었지만,
躲进壳里避暑。
하루하루를 힘겹게 버티던 잠자리,
蜻蜓的生活却日渐艰难。
아무렇지도 않다는 듯 담담히 말했다.
可是,他却坦然道:
"두려움으로 움츠리고 있자고 사는 건 아니잖아.
活着的目的并不是为了体验恐惧.
맞아야 할 것은 맞아들여야 하고,
只需让该来的来.
보내야 할 것은 보내 줘야 하는 거야."
让该去的去。

* 위험하니 접근하지 마시오

이글거리는 태양에 날개가 까맣게 그을어 버리면 어쩌나,
炎炎烈日也许会晒伤蜻蜓的翅膀.
잠자리가 잘못될까 안절부절못하며
我日渐担忧蜻蜓的安危.
어서 안전한 데를 찾아 숨으라고 소매를 잡아끌었으나,
劝他快些找个安全的地方躲藏.
그는 도리어 나를 달래며 말했다.
他却宽慰我道.
"사람들은 다들 계획 세우기를 좋아해.
人人都喜欢计划.
그러나 계획은 결코 변화를 따라갈 수 없다는 걸 몰라.
却不知计划永远赶不上变化.
세상일은 원래 무상(無常)한 거야.
因为世事本无常.
저 무상함과 맞서서 이길 순 없으니
既然斗不过无常.
이 순간을 소중히 간직하자고."
不如珍惜当下。

기다리고 기다리던 비가 왔다.
好不容易盼来了一阵雨.

나는 껍데기에서 고개를 내밀어 신선한 공기를 들이마셨다.
我从壳里伸出头来呼吸新鲜空气.

잠자리가 보이질 않았다.
却看不见蜻蜓的影子.

불길한 예감이 가슴을 스쳐
我心中有了种不祥的预感.

여기저기 헤매 다녔다. 외로웠다.
彷徨又孤单.

'주어진 것에 만족하고 살라'는 것쯤 나도 알고 있지만,
虽然我也懂得生活要"随遇而安".

말이야 쉽지
可说起来容易.

막상 그렇게 하자니 참으로 힘들구나.
做起来真的很难.

마침내 잠자리를 찾아냈다.
我终于找到了蜻蜓.
그러나 그는 이미 숨이 멎은 뒤였다.
可是他已经停止了呼吸.
그의 모습은 반듯하고 평온했다.
他的样子安详而宁静.
마치 잠이 든 것만 같았다.
仿佛只是在休息。
죽음 앞에서 두려움 따윈 없었을 거다.
他在死亡面前一定没有恐惧.
생전에 그는 말했다.
因为他曾经说过:
"죽음도 그저 꿈나라 같은 거야.
死亡也只是一种幻境。
누구나 죽음을 두려워하지만,
人人都畏惧死亡.
죽음이 있어서 버릴 줄 알게 된다는 걸 아무도 모르지."
却不知正是死亡才能教会我们要懂得舍弃。

친구를 잃은 슬픔이 다시 한 번 나를 일깨워 주었다.
失去朋友的痛苦让我再次警醒。

무상함에서 도망칠 수는 없어.
无常不能逃避。

저항할 수도 없어.
不能抵抗。

그건 무슨 적이 아니야.
它不是一个敌人。

싸워서 없앨 수 있는 것도 아니야.
无法用斗争去消灭它。

무상함이 두려워지는 건
之所以会害怕无常,

순순히 따르지 않고 꼭 맞서려고만 하기 때문이야.
是因为我们不愿随顺而总想抵抗。

따르는 법을 이해하고
一旦懂得了随顺,

받아들이는 법을 익히고 나면,
学会了接纳,

무상이 더는 무상이 아니게 되어
无常便不再是无常。

모든 것이 평상(平常)으로 돌아가는 거야.
一切只不过是平常。

* 철거

나는 잠자리의 명복을 빌며
我怀着对蜻蜓的祝福.

홀로 서는 삶을 살아 보기로 마음먹었다.
尝试独立的生活.

그가 내게 전해 준 용기를 떠올리며
想起他的鼓舞.

외로워지더라도 다신 고개를 푹 떨구고 다니지 않으리라.
孤单时再也不会顾影自怜。

나는 예전처럼 느릿느릿 길을 갔다.
我依旧缓慢地走路.

길가에 펼쳐지는 풍경을 하나하나 음미하기 시작했다.
开始细心地品味路上的风景。

발걸음을 늦추자
因为放慢脚步.

내 곁의 사물들에 깃든 아름다움이 새삼 하나하나 눈에 들어왔고,
才感受到了身边存在的美好事物.

자연스레 이런저런 생활의 즐거움이 뒤따라왔다.
生活也因此平添了许多乐趣。

하루는, 길에서 검정달팽이와 마주쳤다.
一日，在路上邂逅了一只黑色的蜗牛。
나는 반가워서 다가가 인사를 건넸다.
我高兴地上前打招呼。
친구가 되고 싶었다.
想和他交朋友。
그런데 자기가 너무 못생겼다고 여기는 검정달팽이는
他却嫌自己长得太丑，
부끄러워 몸 둘 바를 몰라 했다.
而自惭形秽。
기가 죽어 고개도 못 들 정도였다.
在我面前自卑得抬不起头。
나는 슬쩍 농담을 건네 봤다.
我开玩笑地说：
"달팽이 세계에서는 종족 차별이 없잖아.
蜗牛的世界中可没有种族歧视。
사실 넌 하나도 못생기지 않았어."
其实你一点也不丑。

진심이 통했는지 그예 경계심을 푼 검정달팽이가
我的真诚让黑蜗牛消除了戒心,
나를 따라가겠다고 나섰다.
愿意随我同行。
걷고 또 걷는데,
走着走着,
웬 큼직한 진흙덩어리가 우리 앞을 떡하니 가로막았다.
却遇到一大团泥巴横在路中央.
길 한가운데가 꽉 막혔으니,
把路堵了个正着,
밀치고 갈 수밖에 없겠구나 싶었다.
我只好用身子去拱开它。

그런데 진흙덩어리가 저 혼자 꿈틀거리기 시작했다.
泥巴自己却抖动起来。
밑에서 한들한들 뻗어 나오는 더듬이 한 쌍.
下面颤巍巍地伸出一对触角。
맙소사, 그 덩어리도 달팽이였다!
它竟然也是一只蜗牛。
검정달팽이는 어쩐지 마음이 편해진 듯했다.
黑蜗牛仿佛受到了安慰。
더는 못 참겠다는 듯 웃음을 터뜨리며 그가 말했다.
忍不住笑道:
"세상에 나보다 못난 놈이 있을 줄은 꿈에도 몰랐네.
没想到世上居然还有比我更丑的。
이제 보니 나는 그렇게까지 엉망인 건 아니야."
看来我还不算糟糕。

진흙달팽이는 부끄러워 쩔쩔매며 도로 껍데기 속으로 들어가려 했다.
泥蜗牛正羞愧难当,又想缩回壳里。

지나가던 민달팽이가 우리 얘기를 들었는지 다가와서 한마디했다.
恰逢一只路过的蛞蝓听了我们的对话,前来开导他:

"넌 네가 못생겼다고 생각하는데, 어디 감히 나한테 비할 수 있겠어?
"你以为你丑,我岂不比你更丑?

사람들은 나를 추하다며 심지어 '콧물벌레'라는 별명까지 지어 준걸.
人们因为我的丑陋还给我起了外号叫'鼻涕虫'。

우스운 건 그들이야.
可笑的是别人。

나는 손해 볼 게 손톱만큼도 없는데 말이지.
我并不会损失一分一毫。

수수한 외모야말로 가장 안전하게 나를 감싸 주는 거거든.
平凡的外表恰恰是最安全的庇护。

사람들은 빼어나게 예쁜 걸 좋아하지만,
人们喜欢漂亮出众,

평범한 게 바로 복이란 걸 모르고 하는 소리지."
却不知其实平常才是福。"

민달팽이의 말은 가뭄에 단비처럼 들렸다.
蛞蝓的话让大家如饮甘露.

우리는 원래 한무리인데, 왜 외모가 다르다며 마음의 거리를 두는 걸까?
我们原本是同类. 又何必用外表的差异拉大内心的距离?

꼭 그렇게 나와 다른 이를 비교할 필요는 없잖아.
不必总拿自己和别人作比较.

비교라는 건 나를 더 나아지게도 하지만, 때로는 알지도 못하고 벌이는 바보짓이 되고 말아.
比较有时能帮助自己进步. 有时却是一种无知的糊涂.

이일 저일 겪으면서 내 마음은 점점 더 편안해졌다.
经历得越多，我的心境也越平和。

빠르든 느리든, 예쁘든 못났든, 흥겹든 적적하든,
快也好，慢也好，美也好，丑也好，热闹也好，冷清也好，

마음을 편안히 할 수만 있다면
只要心里放平，

사실 어떻게 살든 다 좋은 것이다.
怎样"活着"其实都好。

'산다는 것'은 그 자체가 크나큰 재산,
"活着"本身就是最大的财富。

삶의 순간순간을 더욱 살뜰히 아끼게 된 나는
我愈加珍惜"活着"的每一刻，

느릿느릿한 한 걸음 한 걸음을 착실히 걸어 나갔다.
认真地走好缓慢的每一步。

재미있는 건,
有趣的是.

외로움을 두려워하지 않게 되자
当我不再害怕孤单.

외려 친구가 늘어났다는 거다.
朋友反而多了起来。

외로운 이는 자기가 자기를 밀어내기 일쑨데,
原来孤单者只是自己在排斥自己.

그렇게 마음의 문을 꼭 걸어 잠그면
当他们关闭了自己的心门.

다른 이가 들어올 수 없을뿐더러
别人走不进来.

자신도 영영 밖으로 나갈 수 없는 법이다.
自己也永远走不出去。

나는 친구들과 '달팽이 탑 쌓기' 놀이판을 벌였다.
我和朋友们玩一种"叠罗汉"的游戏.

이런 고난도 동작을 하려면 서로 손발이 착착 맞아야 한다.
这种高难度的动作需要彼此亲密合作.

마음속 응어리가 없는 관계라야 만들어 낼 수 있는, 눈빛만으로도 통하는 대화.
只有心无芥蒂的关系才能创造高度的默契。

어울려 노는 동안에도
即便在玩耍中.

믿음은 즐거움의 밑바탕이 되는 법.
信任也是快乐的前提.

맨 꼭대기에 올라서서 우쭐거리다
在高处玩耍正得意忘形的时候,

나는 그만 발을 헛디뎌 거꾸로 곤두박질쳤고,
我一不留心栽了跟头.

떨어지면서 껍데기가 깨지고 말았다.
跌破了外壳。

아, 우리가 온종일 짊어지고 다니는 이 껍데기는 참 거추장스러운 거로구나.
这才感觉我们终日背负的这副外壳真是一个累赘.

민달팽이처럼
为什么不能像蛞蝓一样.

등에 진 짐이 없다면
不背包袱.

얼마나 가뿐하고 시원할까?
多么轻松和潇洒?

고통에 겨워할 때 문득 할머니 달팽이가 했던 말이 떠올랐다.
疼痛中想起老蜗牛曾说过的话.

더 넓고 깊게 겪어 볼수록,
越发体会深刻.

나의 아픔에 비해 남의 아픔은 가볍게 느껴질 수밖에 없는 거였다.
痛苦长在别人身上总比在自己身上要轻得多.

개미들이 나타났다.
几只蚂蚁见了.

군침을 흘리며 따라와서는
垂涎欲滴地尾随上来.

상처 난 데를 물어뜯었다.
咬我的伤口。

나는 아픔을 꾹 참으며 있는 힘을 다해 앞으로 기어갔다.
我忍着痛努力向前爬.

개미들의 추격을 따돌리고 싶었지만,
想躲过蚂蚁的追袭.

이 느리디느린 속도로 빠져나가기란
可我这慢吞吞的速度.

마법의 양탄자를 타고 하늘을 나는 이야기처럼 터무니없어 보였다.
要想躲避蚂蚁无异于天方夜谭。

운 좋게도 마음씨 고운 거미를 만났다.
　　　　　　　幸亏遇见了一只好心的蜘蛛．
그는 정의의 기사처럼 나를 도와，
　　　　　　　　　　　他仗义相助，
내 껍데기 위에다 거미줄을 쳐 주었다.
　　　　　　　　在我的壳上织起了网。
개미들은 거미줄에 걸려들까 겁이 나
　　　　　　　　　　蚂蚁害怕蛛网，
씩씩대며 물러설 수밖에 없었다.
　　　　　　　　　才悻悻地离去。

나는 거미의 보살핌을 받으며 가만가만 회복을 기다렸다.
我在蜘蛛的庇护下静静地养伤。

상처가 아파 긴 탄식을 내뱉었다.
伤痛之中不禁感叹道:

조상 대대로 껍데기를 지고 살아온 우리 달팽이들,
"我们蜗牛祖祖辈辈都背着这副外壳生活,

껍데기가 우리를 행복하게 해 줄 거라고 여겼건만,
以为它能给我们带来幸福,

때로는 크나큰 고통을 안겨 주기도 하는구나.
可有时候它也真的给我们带来痛苦。

짐이라는 걸 잘 알면서도
明知它是个负担,

훌훌 벗어던질 수도 없는 신세라니!
可放下它也真的很难!"

이 말을 들은 거미가 나를 타일렀다.
蜘蛛听了, 劝导我道:

"너희 달팽이들한테 남을 해치려는 마음이야 없겠지만,
"你们蜗牛害人之心虽没有,

그렇다고 남들한테서 자신을 지킬 껍데기가 없어도 안 되는 거야.
但这防人之壳却也不可无。

정말로 내려놓아야 할 것은 등 위에 얹힌 껍데기가 아니라,
真正应当放下的不是背上的壳,

네 가슴속에 무겁게 걸려 있는 짐이야."
而是心上的重负。"

거미의 말에 눈앞이 탁 트이는 듯했다.
蜘蛛之语让我豁然开朗,

상처가 아물자
等养好了伤,

나는 거미와 작별하고
我告别了蜘蛛,

다시 길을 나섰다.
又上了路。

날이 점점 더 푹푹 쪘다.
天气越来越热。

그늘을 찾아 두리번거리고 있을 때
我正一路寻找阴凉。

이사중인 개미 행렬과 맞닥뜨렸다.
却撞上了一队搬家的蚂蚁。

전에 그들에게 당했던 수모가 떠올랐다.
想起曾经遭受他们的欺负。

나는 속이 막 부글부글 끓어오르는데,
不由得心头火起。

어쩐지 그들은 나에게 아무런 악의도 보이지 않았다.
但此刻他们对我并无恶意。

생각을 가다듬어 보았지만,
冷静思忖。

'마음 가라앉히기'란 얼마나 어려운 일인지!
才更觉得"把心放平"谈何容易？

세상에서 가장 정복하기 힘든 건 바로 자기 마음이었다.
世上最难征服的就是自己的心。

나는 스스로를 타이르려 애를 썼다.
我努力说服自己.

개미들을 적으로 보지 말자.
不与蚂蚁们为敌。

개미들이 하는 모든 행위는 다 생존을 위한 것,
想想他们的一切作为都是为了生存.

그들을 이해하고 용서하기로 했다.
便理解和宽恕了他们。

마음속 원한이 서서히 누그러졌다.
心中没有了仇恨.

그러자 금세 홀가분해지는 게 아닌가.
立刻感到了轻松和解脱.

모든 원한은 그저 스스로 씌운, 눈에 보이지 않는 굴레일 뿐이었다.
原来一切仇恨只是捆绑自己的无形枷锁。

* (가운데부터) 각종 증명서류, 각종 증명 도장
* (위부터) 도장 영수증, 변소(골목 안), 주의! 대변 금지

내가 우호적인 태도를 보이자, 돌아오는 것이 있었다.
我对蚂蚁们的友好态度得到了回应.

개미들도 선선히 내게 이렇게 알려 줬다.
他们也好心地提醒我:

"곧 큰 비가 내릴 거야.
很快会有暴雨来临.

낮은 곳은 위험해.
低矮的地方不安全.

서둘러 높은 데로 올라가서 몸을 피해!"
必须赶快向高处转移。

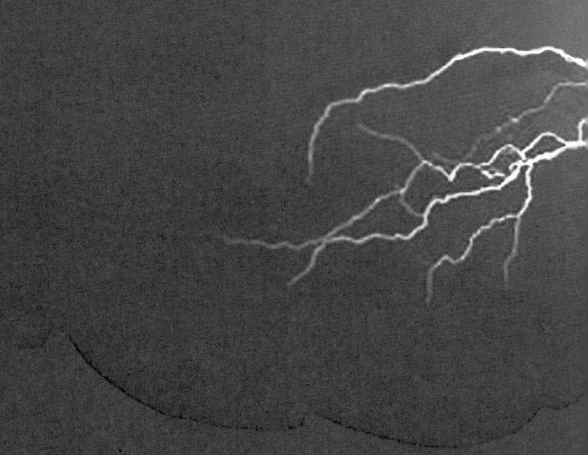

개미들의 예언은 한 치도 틀리지 않았다.
蚂蚁的预言果然灵验。

오래지 않아
没过多久,

하늘에서 천둥번개가 요란하게 치더니,
天空电闪雷鸣,

이제까지 본 적 없는 무시무시한 폭우가 쏟아졌다.
一场从未见过的暴雨自天而降,

다행히도
所幸的是,

나는 이미 높은 곳에 올라가 비를 피할 자리를 잡아 놓은 상태였다.
我已在高处找到了一个比较安全的地方。

억수같이 퍼붓는 비는 그칠 줄 모르고,
瓢泼大雨下个不停,

이내 밤이 내렸다.
夜晚随后降临

칠흑 같은 어둠 속,
天空一片黑暗

주룩주룩 귓전을 때리는 빗소리 말곤
除了哗哗的雨声在耳边作响

아무 소리도 들리지 않았다.
什么也看不见

죽음이란 이리도 가까운 데 있음을, 나는 처음으로 느꼈다.
我第一次感觉到死亡的距离原来是这样的近.

시간이 한 백 년쯤 흐른 것만 같았다.
仿佛等了一个世纪.

마침내 폭우가 멎었다.
暴雨终于停息.

하늘엔 몇 점 별빛이 스치었고
天空出现几点飘忽的星光.

비 갠 밤은 더없이 아름다웠다.
在雨后的夜空格外美丽.

나는 황홀한 광경에 넋을 잃고 빠져들었다.
我正为这景色陶醉痴迷,

저 아름다운 하늘이 살기를 품고 있는 줄도 모른 채.
怎知这美丽之中却暗藏了杀机.

그건, 반딧불이의 불빛이었다.
原来那是萤火虫的光芒.

그들은 다름 아닌 달팽이의 천적.
他们是蜗牛的天敌.

이제 목숨을 부지할 유일한 길은 그저 버티는 것뿐이었으니,
此时,忍耐是生存的唯一之计.

나는 꼼짝 않고 웅크린 채
我只得屏住呼吸一动不动.

그들이 지나가기를 숨죽여 기다렸다.
静静等待他们离去.

긴긴 밤을 마침내 견뎌 냈다.
终于熬过漫漫黑夜。
새벽빛이 채 들기도 전에 벌써
却没有迎来曙光。
대재난이 몰고 온 처참한 광경이 눈앞에 펼쳐졌다.
大灾过后, 眼前一片凄凉。
불쌍하게도 사람들은 늘 자기가 너무 '느리다'고 마뜩잖아 한다.
可怜的人类总嫌自己太"慢"。
무슨 수를 써서든 조금이라도 '빨리' 하려고 한다.
想尽一切办法要更"快"些。
자동차를 발명했으나
纵然发明了汽车。
그들이 미처 몰랐던 건,
却料不到,
차가 암만 빨라도 저 우주의 '무상'을 앞지르진 못한다는 거다.
汽车再快也快不过宇宙间的"无常"。

나는 이렇게 살아남았지만,
我活了下来.

저 빨리 뛰는 생명들은 오히려 피해를 모면하지 못했다.
那些跑得快的生命却未能幸免。

재난 앞에서,
在灾难面前.

뜻밖에 그들은 느림보 달팽이만도 못했던 거다.
他们竟然不如一只慢吞吞的蜗牛.

대자연의 이 농담 같은 현실은 아무래도 너무 심했다.
大自然的这个玩笑似乎开得大了一点。

큰물이 빠져나가고
大水退去,

나는 다시 나를 낳고 길러 준 지상으로 내려왔다.
我又回到了生我养我的大地上.

친구가 없다.
没有伙伴.

먹이도 없다.
没有食物.

홀로 남았고,
我独自一个.

아무것도 가진 게 없다.
一无所有.

나는 천천히, 천천히 기어갔다.
缓缓地, 缓缓地爬行。

이제 어디로 가야 할지 모르겠지만,
我虽然不知道未来该向何方.
참된 '사랑'만큼은 알게 되었다.
却知道了——真正的"爱".
그건, 견딜 수 없이 외로울 때에도
是当你孤独到极点时.
여전히 세상에 감사하는 마음을 갖는 것.
仍旧对世界心怀感激.
아무것도 가진 게 없을 때라도
当你一无所有时.
세상 만물을 한결같이 선한 마음으로 대하는 것.
仍旧对天地万物心存善意。

평안함,
平安,
그게 바로 행복이지.
就是幸福。
나는 계속 느릿느릿 길을 걸었다.
我继续慢吞吞地走路.
마음 가는 대로, 주어진 것에 만족하며.
自在而满足。

책을 옮기고 나서

지난여름의 끝, 막 비 갠 교정을 산책하다 길 한복판에서 조그만 달팽이와 마주쳤다. 달팽이는 어딘지 위태로워 보였다. 저러다 누군가의 발에 채이진 않을까, 차바퀴에라도 깔리면 어쩌나, 걱정스런 마음에 달팽이를 들어 화단 가운데 꽃나무 잎사귀에 놓아 주었다. 그리곤 달팽이를 까맣게 잊고 살았다. 계절이 바뀌고 세밑에 들어 달팽이를 다시 만났다. 바로 이 책, 《달팽이, 세상을 더듬다》를 통해서였다.

주잉춘 선생의 후속작이 드디어 나왔구나, 하는 반가움에 책을 집어 들었다. 흰 바탕에 제목도 없이 개미 몇 마리만 얹어 놓은 파격적인 표지로 화제가 된 전작, 《나는 한 마리 개미》와 마찬가지로 흰 표지였다. 수줍은 듯 구석에 배치된 달팽이 한 마리와 그 뒤에 길게 이어진, 보일 듯 말 듯 희멀건 달팽이의 흔적이 다였다. 주 선생의 말에 따르면, 암만 해도 마음에 드는 표지 디자인이 나오지 않자 기르던 달팽이를 백지 위에서 기어가게 하고, 그 족적을 그대로 표지에 이용했다고 한다. 아하, 그럼 이번 책의 표지 장정은 달팽이가 한 셈인가? 그런데 왜 이번 주인공은 달팽이?

이 책의 지은이 주잉춘과 저우쭝웨이는 이번 작업에서 '느림'에 대해 이야기하고자 했다. 저마다 주어진 삶의 속도가 있는데, 현대 사회를 살아가는 우리들은 '빠름'에 치여 사느라 많은 것을 놓치고 만다는 거다. 하여 사랑도 우정도, 즐거움도 평안함도 '느림보 달팽이'(이 책의 원제)처럼 느릿느릿한 본성으로 돌아갈 때, 그렇게 세상을 조금씩 더듬어 갈 때 따라올 수 있다고 말한다. 세상 만물은 잠시도 가만히 있지 않는데, 저 무상(無常)을 따라잡겠다고 속도를 내다간, 책에서 보여 주듯 거미줄에 턱 걸려드는 말벌 신세를 면하기 어려운 법. 평상(平常)의 본질은 무상의 연쇄에 있으니, 이를 인정하고 무상한 세상만사와 어울려 지내려면 삶은 느림에 수렴되게 마련인 거다.

이 책은 전작과 마찬가지로 주잉춘의 이미지 작업과 저우쭝웨이의 글이 결합되어 탄생한 작품이다. 따라서 두 작품에서 많은 공통점이 발견된다. 개미, 달팽이 같은 작은 생명체를 주인공으로 내세우고 있는 점, 주인공들이 길을 떠나 겪는 모험과 깨달음을 통해 인간사의 면면을 비추어 보여 주는 철학 우화의 형식을 취했다는 점, 생명 사상을 근간으로 한 불교적 세계관이 작품 전면에 깔려 있는 점 등은 두 책 모두에서 읽을 수 있는 특징이다. 무리 속의 일부보다는 독립된 개별 존재인 한 마리 개미, 한 마리 달팽이를 그리고자 한 저자의 의도 역시 일관성이 있다.

한편 또 다른 면에서 보면 《달팽이, 세상을 더듬다》는 《나는 한 마리 개미》와 전혀 다른 작품이기도 하다. 《개미》가 형식의 파격성, 즉 북디자인 자체로 화제가 된 작품이라면, 《달팽이》는 전통적인 그림책 혹은 그림 에세이에 가깝다. 《개미》가 수만 컷의 사진 자료를 바탕으로 한 사실적인 이미지로 꾸며졌다면, 《달팽이》는 한 획 한 획 붓으로 그린 회화 작품집이다. 《달팽이》의 그림과 장정을 맡은 주잉춘은 중국을 대표하는 북디자이너지만, 사실 중국화를 전공한 배경을 갖고 있다. 이번 작업을 구상하면서도 처음에는 붓터치의 느낌을 굵직하게 살린 화충도로 그려 내고 싶었으나, 아무래도 그 방식으로는 달팽이의 모습을 생동감 있게 포착하기 힘들다고 판단하여 결국 책에서 보는 것과 같은 세밀화 기법을 선택했다고 한다. 텍스트를 얹는 방식도 행을 적절히 나누어 제사(題辭)를 붙이는 모양새를 냈다.

일일이 손으로 그림을 그리다 보니 이 책을 완성하기까지 오랜 시간이 걸렸다. 달팽이를 기르며 관찰하는 데 1년, 그림 작업에만 1년, 그리고 편집과 디자인, 제작 등에 걸린 시간이 또 1년. 특히 등장인물(?) 묘사에 공력을 쏟아, 잠자리 한 마리를 그리는 데 꼬박 이틀이 걸리기도 했다. 주잉춘은 달팽이를 그리는 동안만큼은 달팽이가 되기로 했다. 달팽이가 껍데기 속으로 들어가듯 작업실 문을 걸어 잠갔다. 전화도 받지 않고 손님도 맞지 않았다. 매 끼니가 라면이다시피 했고, 다른 디자인 작업은 죄다 미뤘다. 서둘러서 될 작업이 아니니, 수행하듯 느릿느릿 조금씩 나아가야 한다고 생각했다. 꼬박 한 철이 지나 세상 밖으로 나왔을 때 비쩍 마른 주잉춘과 살이 통통하게 오른 달팽이 곁에, 동작과 표정이 조금씩 다른 달팽이 그림 수십 장이 완성되어 있었다.

길 위에 나선 달팽이를 따라 이 책의 이야기는 전개된다. 시인 정호승은 "사람들이 외롭지 않으면 길을 떠나지 않듯이/달팽이도 외롭지 않으면 길을 떠나지 않는다"라고 노래했다. 길 위에서 친구를 만나고 헤어지고, 기쁜 일, 슬픈 일을 겪으며 달팽이는 성숙해 간다. 등 위에 짊어진 껍데기가 한없이 짐스럽게 느껴질 때도 있었지만, 받아들이는 법을 배웠다. 느림보로 태어난 자신을 부정하고 빠른 삶을 동경하기도 했지만, 주어진 조건에서 평상심을 찾는 깨달음에 이르렀다. 느릿느릿 이어지는 구도의 길은 끝없이 이어질 듯하다. 하지만 '사랑'의 마음을 알게 된 달팽이에게 혼자 가는 길은 외로울지언정 더는 막막하지 않다.

달팽이는 집을 등에 얹고 산다. 중국에서 '달팽이집[蝸居, 와거]'은 비좁고 누추한 집을 뜻하며, 특히 대도시 변두리에서 주택난에 허덕이는 서민들의 삶을 표상한다. 방 한 칸 마련하기 힘든 현실을 민달팽이에 빗대 표현하는 최근 한국 청년 운동의 단편과도 맥이 통한다. 이 책의 그림들을 꼼꼼히 뜯어보자. 달팽이의 여정은 한동안 도시의 후미진 데서 펼쳐진다. 곱디고운 화초들 틈에서 더듬이를 갸웃갸웃하는 달팽이의 얼굴에는 그로테스크한 현실에 부대끼며 힘겹게 살아가는 우리들의 모습이 담겨 있다. 하여 이 책이 넌지시 던지는 '위로'의 메시지는 '공감'을 갈망하는 손짓으로 읽히곤 한다. 우리는 모두 달팽이다!

겨우내 달팽이와 씨름하며 번역을 마쳤을 때, 아버지가 "유리병에서 알약이 쏟아지듯 힘없이 쓰러지셨다." 병실에 누워 하루하루 몸집이 오그라드는 듯한 아버지에게서, 나는 문득 평생 무거운 짐을 짊어지고 살아온 달팽이, 껍데기에 커다란 구멍이 생겨 거친 숨을 몰아쉬는 달팽이를 보았다. 번역하는 동안에 경구로만 이해한 '무상함에서 도망칠 수 없다'는 이 책의 메시지는 절실한 현실이 되어 있었다. 아버지가 저 무상한 현실을 이겨 내고 어서 평상의 시간으로 돌아오길 기원하며 글을 맺는다. 이 책이 지금 이 시간, 심신을 다친 세상의 많은 이들을 어루만져 주는 달팽이로 세상에 나아가길 바라는 마음을 함께 담아……

《나는 한 마리 개미》에 이어 이 책의 출간에도 아낌없이 정성을 쏟아 준 펜타그램 박종일 사장님과 문해순 편집장님께 감사 드린다. 작은 생명 이야기를 시각 이미지와 함께 펼쳐 보이는 주잉춘의 철학 우화는 앞으로도 계속 나올 예정이다. 개미, 달팽이에 이어 다음 주인공은 누구일까? 독자들께서 기대를 담아 추측해 보기 바란다. 개미 이야기에 조연으로 등장한 달팽이가 이 책의 주인공이 되었듯, 다음 주인공도 이 책에 이미 등장했다는 것을 힌트로 드린다.

2012년 4월

옮긴이

《달팽이, 세상을 더듬다》의 창작이 이루어진 주잉춘의 작업실.

주잉춘이 기르는 달팽이.

느릿느릿 기어가는 달팽이와 달게 자는 달팽이.

책 속의 많은 장면들은 현실에서 벌어진 일이다. - 밟혀 찌부러진 달팽이.

깨진 달팽이 껍데기 위에 줄을 치는 거미.

'달팽이 탑 쌓기'.

지은이와 옮긴이 소개

그림 주잉춘(朱嬴椿)

중국의 저명한 북디자이너. '책의 옷을 짓는 공방'이라는 뜻을 지닌 '수이팡(書衣坊)'의 디자인 총감독이자 난징 사범대학 출판사 예술총감독이다.
난징 사범대학에서 중국화를 공부했으며, 졸업 후 10년간 출판사에서 장정을 담당했다. 2004년 수이팡을 설립하면서 독자적인 북디자이너 세계를 본격적으로 펼쳐 보이기 시작했다. 이때부터 그의 작품들은 '중국에서 가장 아름다운 책'에 잇달아 선정되는 등 중국 내 각종 북디자인 상을 휩쓸었다.
특히 2007년 독일 라이프치히 도서전에서 《재단하지 않은 책》이 '세계에서 가장 아름다운 책'에 선정되면서 국제적으로도 주목을 받았다. 이듬해엔 《나는 한 마리 개미》로 유네스코와 독일도서기금이 주관하는 '세계에서 가장 아름다운 책' 특별상을 받았다.

글 저우쭝웨이(周宗伟)

난징 사범대학 교육과학학원 부교수. 주요 연구 분야는 교육사회학 및 문화사회학이며, 교육학·사회학·문학 등 여러 학문 분야를 넘나드는 종합적 연구를 추구하고 있다. 《고귀함과 비천함―학교 문화의 사회학적 연구》 등의 연구서를 발표했으며, 장쑤 성 철학사회과학 분야 우수학술상을 수상했다. 주잉춘과 함께 작업한 작품으로 이 책 외에도 《쥐―눈이 많던 겨울》《나는 한 마리 개미》가 있다.

옮긴이 장영권

서강대학교 사학과와 동 대학원을 졸업했고, 광운대에서 중국 근현대사를 강의했다. 현재 베이징에서 거주하며 좋은 책을 골라 번역하는 일을 하고 있다. 옮긴 책으로 《중국의 두 얼굴―영원한 라이벌 베이징 vs. 상하이 두 도시 이야기》《나는 한 마리 개미》가 있다.

蝸牛慢吞吞
著者：周宗伟／文 朱嬴椿／图
copyright ⓒ 2011 by 随园书坊
All rights reserved.
Korean Translation Copyright ⓒ 2012 by Pentagram Publishers
Korean edition was published by arrangement with 随园书坊
through EhtersKorea Co., Ltd, Seoul.

이 책의 한국어판 저작권은 (주)엔터스코리아를 통한
중국의 随园书坊과의 계약으로 도서출판 펜타그램이 소유합니다.
신저작권법에 의하여 한국 내에서 보호를 받는 저작물이므로 무단 전재와 무단
복제를 금합니다.

달팽이, 세상을 더듬다

2012년 5월 03일 초판 1쇄 찍음
2012년 5월 10일 초판 1쇄 펴냄

지은이　주잉춘(그림), 저우쭝웨이(글)
옮긴이　장영권
펴낸이　박종일

편집　　문해순
디자인　맑은엔터프라이즈(주)
제작　　(주)상지사 P&B

펴낸곳　도서출판 펜타그램
출판등록　2004년 11월 10일 (제313-2004-0000259호)
주소　　서울시 마포구 서교동 463-28 공암빌딩 4층
전화　　02-322-4124
팩스　　02-3143-2854
이메일　penta322@chol.com
블로그　http://blog.naver.com/pentapub

한국어판 ⓒ 도서출판 펜타그램
ISBN 978-89-956513-9-1

이 도서의 국립중앙도서관 출판시도서목록(CIP)은
e-CIP홈페이지(http://www.nl.go.kr/ecip)와
국가자료공동목록시스템(http://www.nl.go.kr/kolisnet)에서
이용하실 수 있습니다.(CIP제어번호: CIP2012002009)

---

* 책값은 뒤표지에 적혀 있습니다.
* 잘못 만들어진 책은 바꾸어 드립니다.

THE SLOWPOKE SNAIL